RUNAWAY

Retales de embarazo y puerperio

Aïda del Mar Frontera Gandolfo

© 2021, Aïda del Mar Frontera Gandolfo
© 2024, Libros del Nido, Mataró
Ilustraciones y diseño de la cubierta: Loreto Torres

ISBN: 978-84-127750-5-1
DL: 17104-2024

www.librosdelnido.com
IG: librosdelnido
info@librosdelnido.com

Impreso en España

A Ona

A mi abuela, a mi padrina

A mis padres, a K. y a todas las demás personas que me han llevado de la mano en algún tramo de este camino

La madre de mis hijas
empecinada en vivir una vida
que valiera la pena
para que ellas al menos dijeran:
«Esto, aquello, permanece».

[...]

La madre de mis hijas
piensa
que entre todo lo que hizo mal
o dejó de hacer
algo haría bien,
algo.

Gioconda Belli

Ain't we all just runaways?

Runaways, The Killers

Índice

Prólogo 12

Embarazo
Mes 1 16
Mes 2 20
Mes 3 22
Mes 4 24
Mes 5 26
Mes 6 30
Mes 7 32
Mes 8 34
Mes 9 36

Parto 41

Puerperio
Mes 1 44
Mes 2 46
Mes 3 51
Mes 4 53
Mes 5 58
Mes 6 63
Mes 7 65
Mes 8 67
Mes 9 70
Mes 10 74
Mes 11 77
Mes 12 80

Otros retales sobre maternidad 85

Prólogo

«Vivo en una casa por la que se cuela una luz hermosa. El otro día fotografié a mi hija en una pared iluminada. Miré la pantalla, la miré a ella. Por primera vez fui consciente de que tiene siete años, de que se le han caído seis dientes, de que, en breve, va a empezar tercero de primaria, de que, poco a poco, dejará de decir "aterrizaje frondoso", de que no sé dónde están todos aquellos años de piel y teta» …

Dejo ese párrafo escrito en las notas del móvil casi como un autómata. Aún no sé ni que lo olvidaré, como tantos otros, ni que lo encontraré casi por casualidad después de leer *Runaway*, el primer libro de Aïda del Mar, una suerte de diario de embarazo y maternidad.

No uso la palabra suerte como sinónimo de especie, sino de fortuna. Para mí por haberlo leído y por haber sido invitada a prologarlo, pero, sobre todo, para aquellas mujeres que lo leerán identificando entre sus comentarios el reflejo certero de lo que han sido, de lo que serán. De lo que todas somos.

Me cuesta comenzar cuando tengo tanto que decir, se me llena la cabeza de emociones que soy incapaz de transformar en ideas, mucho menos en palabras. Casi sin querer, cojo el móvil y miro embelesada una foto de mi bebé. 25 de agosto de 2017. El teléfono se ha convertido en el pozo de la nostalgia más salvaje, aquella que nos hace sentir celos de nosotras mismas. Acaricio sus mejillas, la suavidad de sus párpados, la esquizofrenia de su piel. Me duele el tacto cuando vuelvo a la realidad y descubro que estoy tocando una pantalla.

Hay libros que provocan que quiera leer otro libro y después uno más. Libros que me incitan a escribir. Libros que me obligan a fotografiar algunos pasajes y compartirlos con mis amigas. Con *Runaway* he descubierto que, además de todo eso, hay libros que me empujan a recorrer la fototeca de mi móvil para recuperar a mi hija recién nacida, la que aprendía a caminar, la que pronunciaba con torpeza algunas palabras simples. Me arden los ojos cuando tomo conciencia de que ya no recordaba que tarareaba a la Rosalía balbuceando «apente» o que en una de las ilustraciones del que fue su cuento favorito encontraba una rodaja de «atitón».

Solo hay una cosa más cruel que ver crecer a una hija: no poder hacerlo.

«Hasta donde alcanza la vista, aquí reina el instante. / Uno de esos terrenales instantes a los que se pide que duren». Son dos versos de Wislawa Szymborska que han resonado en mi cabeza mientras mi alma, sea lo que sea eso, se mecía entre los recuerdos y la verdad implacable que nos brinda Aïda. Tan intensa y feroz como la propia maternidad. Tan valiente como una madre que se revela como tal desde la literatura.
«Parirla me hizo inmortal», escribe. Y fundo a blanco.

Es el estallido de la claridad que me deslumbra. Como mi hija posando sobre esa pared iluminada. Mi hija que crecerá como todas las hijas. Las hijas pequeñas que volveremos a buscar en este libro dolorosamente tierno. Este libro que es como ellas.

Pilar Cámara

- Embarazo -

Uno

Cuando aquel coche explotó en la puerta de mi colegio, pasé una larga temporada hablando con un terrorista imaginario que, creía, se escondía en el patio de luces de mi edificio. Estaba convencida de que, si era amable con él, se encariñaría conmigo y no podría hacerme daño. Vivía con mi familia en un pequeño pueblo de costa donde mi padre trabajaba como farero. Tenía siete años y mucho miedo.

Poco después, llegaría mi cuarta mudanza en menos de una década y dejaría atrás una vida a la que aún no había tenido tiempo de acostumbrarme para cruzar el mar camino de la isla donde nos asentaríamos definitivamente. El terremoto cuyo sonido recuerdo aun con mayor intensidad que el propio temblor, la imagen de mis padres postrados en el sofá después del accidente, las llamadas desde el pueblo de mis abuelos en mitad de la noche, los consiguientes aviones de madrugada, la operación de mi madre... fueron muchos los temores que me acompañaron durante mi infancia.

En su novela *Qué vas a hacer con el resto de tu vida*, Laura Ferrero afirma, a través de un personaje, que el miedo no existe. Es un mensaje directo, con fuerza e incluso entrañable, pero debo disentir. Para alguien que vivió parte de su vida temiendo el desmoronamiento metafórico y literal del mundo que conocía, el miedo existe. Con el tiempo, por suerte, una aprende que, cuando el temor hace acto de presencia, hay que mirarlo a los ojos y, aunque a veces sea costoso, no dejar que nos limite. Por eso, llegar a la conclusión de que me da miedo ser madre ha sido revelador.

Dos

Personas que no distinguen un atardecer de invierno de un atardecer de verano bromean sobre la idea de hacer psicofonías en el faro del Cap Blanc. Sería injusto que me enfadara. No tienen por qué saber que mi *padrí*[1] vivía aquí cuando murió y, al fin y al cabo, si han elegido esta puesta de sol entre todas las de la isla, es innegable su buen gusto. Minutos antes de que llegaran, cuando aún estaba sola, he dejado un tesoro escondido entre las rendijas de la que, hace tanto y tan poco tiempo, fue la pared de la casa de mis abuelos. Caigo en la cuenta de que la caracola que he encajado en el agujero, a modo de modesto homenaje, es algo así como una ofrenda y que ese es probablemente el gesto más religioso que he hecho en toda mi vida.

Al irme, he vuelto la mirada para observar por última vez la torre y el mar, mis dos constantes vitales. Ha sido entonces cuando el primer haz de luz de la jornada ha caído sobre mí y me ha parecido bonito pensar que era mi *padrí* haciéndome un guiño, dándome su aprobación justo en este día en que decido dar el paso. No sé qué pensaría él, hombre de ciencia, si supiera de mi ritual improvisado y de mi interpretación de las señales, pero ya está decidido: voy a proponerle a K. intentarlo.

---

1   Abuelo, en dialecto mallorquín.

Tres

Nunca me interesó ser madre. No se me malinterprete, tampoco es que rechazara frontalmente la idea ni que me cerrara en banda, pero tener descendencia no era para mí un objetivo a alcanzar ni una prioridad que pudiese condicionar cualquier otra decisión o aspecto de mi vida. Ni siquiera era uno de esos planes a medio plazo que se posponen «para cuando sea el momento».

Es por ello que, a pesar de haber sido criada en un entorno eminentemente ateo, reconozco (no sin cierto rubor) mi temor a que una especie de justicia divina falle en mi contra decidiendo que no soy merecedora de mi futuro hijo o hija por no haber deseado la maternidad con la fuerza suficiente. Lo sé, es retorcido e irracional, pero tengo tan integrada la absurda cultura del esfuerzo que en ocasiones siento miedo de no habérmelo ganado, de no haber sudado lo necesario para lograr la merecida recompensa. Aunque esta sensación no me impide disfrutar de mi estado, sí me mantiene, en cierto modo, alerta ante los potenciales peligros que puedan estar acechándome a la vuelta de la esquina. Solo queda confiar y esperar que todo salga bien mientras recorro el camino que hoy se abre a mi paso.

Cuatro

Días atrás, recibí por Whatsapp un mensaje conciso: «¿Estás bien?». Me sorprendió, principalmente porque sí, estaba bien, así que pregunté a la persona en cuestión por qué no debería estarlo. Me habló de varios detalles: el cambio de *look*, las crípticas publicaciones en redes sociales y, muy especialmente, mi socialización menguante. Tras pensarlo unos segundos, me di cuenta de que era cierto: estoy viviendo un cambio, un reajuste y encaje de piezas de vida en este puzle que me toca componer. «Estoy en paz», confesé, «reconforta recoger lo sembrado, mirarse y reconocerse». Supongo que no entendió de qué hablaba, pero tuvo la delicadeza de no seguir preguntando.

Quizás pecamos de conservadores, pero K. y yo hemos decidido no hacer pública la noticia hasta algo más adelante y el no compartir esta ilusión con mi entorno me mantiene en un estado de contención permanente. No es fácil estar viviendo uno de los momentos más emocionantes de nuestras vidas y tener que andar disimulando.

Cinco

Al conocer la noticia, la inmensa mayoría de la gente que me quiere ha reaccionado con una mezcla entre entusiasmo y sorpresa. Y cuando digo sorpresa me refiero a bocas abiertas, tanteos sobre si es buscado, risas creyendo que es broma o dedos señalando: «¿¡Tú!?». Lejos de ofenderme, la confianza y la espontaneidad de amigos y familiares me ha sacado una sonrisa y me ha ayudado a darme cuenta de aquello que he proyectado, hasta ahora, respecto a la maternidad. Porque es cierto. Durante años no me he mostrado predispuesta ante la idea de tener hijos, por diferentes motivos. Uno de los principales estaba basado en la imagen de una potencial Aïda cuya condición de madre limitaba y reducía a la mínima expresión a la mujer que había sido hasta el momento. Con el tiempo, he aprendido a ver a esa futura yo-madre como una versión extendida y enriquecida de mí misma. Llamémoslo instinto, llamémoslo quien-no-se-consuela-es-porque-no-quiere, pero lo cierto es que, a día de hoy, tengo ganas de crecer (literalmente) y descubrirme también en esa nueva faceta.

Seis

Estando mi madre embarazada, una aldeana gallega la vio llevarse una flor silvestre a la nariz y, advirtiéndola de las consecuencias de tamaña osadía, intentó persuadirla: «Si la hueles, el bebé nacerá marcado con el símbolo de la flor». Y así fue: mi madre desoyó el consejo de la vieja y a los pocos meses nací yo, con una mancha marrón de parte a parte de la espalda, a la que mis padres llamarían, en adelante, «el ramo de flores». Yo me sentía orgullosa, porque es muy distinto tener una mancha de nacimiento que lucir en la piel el perfil de unas flores silvestres de la isla de Ons. Con el tiempo, sabría que las tres pecas que ocupaban mi sien derecha conservaban la distancia proporcional entre Alnitak, Alnilam y Mintaka, las estrellas que forman el cinturón de Orión. Y también que mi nombre era el único en toda la provincia de Almería que, en lugar de un punto sobre la i, tenía dos. Mientras mi padre intentaba razonar con algún administrativo empeñado en que en español la i lleva solo un punto, yo me sentía especial haciendo de mi diéresis un signo distintivo. Y es que la magia en la infancia (y también en la adultez) bebe de esos pequeños detalles que hacen de una mancha una flor y de una peca una estrella.

Siete

Llegando ya a su ecuador, si tuviese que definir mi embarazo en una palabra, esta sería, sin duda, «contención», del latín *contentio*, derivada de *contendĕre*: tender con fuerza, rivalizar, disputar. Si bien es cierto que estoy teniendo uno de esos embarazos catalogados como «buenos» (es el primero y no puedo comparar), el miedo siempre está al acecho, rivalizando con la alegría, y no queda otra que moverse, haciendo equilibrios al ritmo de este baile en que ilusiones y temores van cogidos de la mano. Dancemos, pues, hacia la segunda mitad de esta experiencia extraña y reveladora.

Ocho

Dicen que la simple idea de la maternidad tiene el poder de conectarte con tu pasado, que te hace retroceder y te zarandea hasta desordenarte por dentro. Quizás sea eso lo que hoy me ha llevado a recuperar algunas fotos de hace una década, meses antes de conocer a K. Aquella época queda tan cerca pero tan lejos que solo puedo recordarla como esas imágenes que captaban las cámaras digitales de principios del 2000 y que ahora tengo entre mis manos: borrosa y desdibujada. Fue el año de mi primer regreso, después de acabar la carrera, a esta isla a la que me costó readaptarme y de la que volví a huir al poco tiempo. Encontré un amor equivocado en el momento preciso y con él creé recuerdos que permanecen. También salí ininterrumpidamente durante meses y coleccioné anécdotas inolvidables con personas a las que sí he olvidado. Recuerdo que fui a clase los sábados por la mañana, a prepararme unas oposiciones a las que nunca me presenté y que tuve mi primer trabajo en un centro educativo de cuyos alumnos y alumnas me separaba menos edad de la que hubiera querido.

Diez años después, evoco con cariño aquella etapa incómoda en la que sentía que mi lugar estaba en cualquier otro sitio, siempre distinto a dondequiera que me encontrase en ese momento; fue un período imprescindible para situarme en el mundo y decidir qué no quería: permanecer inmóvil. Ha tenido que pasar mucho tiempo para darme cuenta de que ser madre significa un poco eso: no volver a estar nunca quieta.

Nueve

Durante los últimos cinco meses he sido una embarazada sin barriga, de esas que miran con cierta envidia las tripas redondas de otras futuras madres y, por primera (y probablemente última) vez en la vida, fantasean con coger peso. A pesar de valorar las ventajas de mantener durante tanto tiempo una barriga ordinaria, he fotografiado sistemáticamente mi vientre en el espejo para después compararlo, sin demasiado éxito, con imágenes tomadas semanas y meses atrás. «Ahora sí, ¿no?», «En esta sí que sí, ¡eh!» he escrito a amigas y familiares, esperando que ellas me confirmaran el cambio que no llegaba. Hasta que de repente, de la noche a la mañana, me he visto por primera vez como embarazada a través de la mirada de la gente. Ha sido una sensación curiosa y abrumadora que ha hecho palpable un estado hasta el momento casi irreal al que aún me estoy acostumbrando. En el período de adaptación me acompañan libros como el de Nuria Labari, que habla, entre muchas otras cosas, de las certezas que se rompen, las heridas que se abren y *la fragilidad que se siente justo antes de vivir*[2].

---

2 Labari, n., *La mejor madre del mundo*, Barcelona, Random House, 2019.

Diez

Es curioso. Cuando buscas hashtags relacionados con el embarazo para acompañar tus fotos, algunas de las primeras sugerencias son del tipo *#embarazadayperfecta*, *#modaparaembarazadas* o, aún peor, *#embarazadasexy*. Por no hablar de esos libros y webs sobre el embarazo que dedican apartados y páginas enteras a enseñarnos cómo disimular «esos kilos de más», como si tuviésemos que avergonzarnos de ellos. No deja de sorprenderme que, incluso cuando el cuerpo de la mujer está gestando una vida, siga siendo percibido como un objeto a explotar u ocultar, según el caso. Yo me encuentro en ese momento en que estoy a punto de dejar de verme los pies y, aun así, mi cuerpo me parece maravilloso, sea o no sea perfecto, moderno o sexy.

Once

Recuperé el concepto de *tribu* mucho antes de plantearme si querría o no ser madre. Hoy, la palabra adquiere para mí nuevas connotaciones y últimamente la uso con mayor frecuencia y alegría. Porque tribu son mis primas presentándose en mi casa con un kit de supervivencia para los primeros días y moviendo Roma con Santiago para ayudarme en todo lo necesario. Tribu son mis abuelas tejiendo mantitas e insistiendo en darnos el dinero que no tienen para que «no nos falte de nada». Tribu son esas amistades por las que te mudas a un piso en el centro, cuando nunca has vivido en la ciudad, porque quieres sentirlas cerca. Tribu son, en definitiva, esas personas que siguen tu proceso, prudentes pero constantes, y a través de palabras y gestos amables te acompañan en el camino. No todo el mundo la tiene y, aunque su ausencia no impide la supervivencia, el apoyo de la tribu allana un poco el terreno y disminuye el vértigo de esta aventura que acabamos de empezar.

Doce

Semanas, meses o años; sola, con amigos, parejas o familiares: en la última década, he vivido en trece casas distintas. A veces han cambiado las ciudades, otras, solo las circunstancias, pero siempre ha habido un factor común: la sensación de libertad. Alguien que me quiere me dijo una vez que se hace difícil vivir con una persona que siempre tiene el equipaje preparado por si hay que salir corriendo. También recuerdo estos días a aquel chico que acertó a apodarme *runaway*, sin saber qué había de innato y qué de adquirido en mi dificultad para echar raíces.

La cuestión es que este viernes hipoteco el único modo de vida que conozco para instalarme en un piso con tres habitaciones propias. Aunque no entraba en mis planes, la compra se convierte en una buena opción cuando se vive en la ciudad de los alquileres inasumibles, pero no puedo negar que tengo un nudo en el estómago. Así que yo, por si las moscas, seguiré teniendo una maleta a mano. Porque una puede evolucionar y adaptarse, pero no renunciar a su esencia.

Trece

Hija, nieta, bisnieta y tataranieta de fareros, ser una de las personas de Europa con mayor ascendencia dedicada a este antiguo oficio es, probablemente, mi mayor peculiaridad. Me enorgullece también ser sobrina de la primera mujer farera, aunque humildemente prefiera mantenerse en el anonimato, y no me canso de escuchar cómo mis padres se conocieron en las «opos a faros», siguiendo la tradición de los suyos. Desde la costa gallega hasta el Estrecho, incluyendo Canarias y Baleares, gran parte del litoral español ha sido salvaguardado por familiares y amigos de la familia desde el siglo XIX. Quien quiera acercarse a la idea de lo que fue la vida en las torres de luz a lo largo de esos años debería hablar con ellos o leer las memorias que tiene mi abuela escritas en varias libretas de cuadros. Ciertamente, hay mucha más verdad en ellas que en toda esa literatura que perpetúa un mito sobre viejos lobos de mar con impermeable amarillo que fuman en pipa y enloquecen por culpa de la soledad.

En mi particular experiencia, la vida en los faros habla de salitre en la piel y alquitrán en el talón, de congrios y morenas en las nasas de papá, de olas que brillan en el techo desconchado y de erizos cuyas púas se cayeron por el sol. Con semejante precedente, ¿cómo llamar *hogar* a estos 80 metros cuadrados de un bloque de cemento gris? Al no poder ofrecer a mi hija el entorno donde fui libre y feliz, la culpa se pega a mí como resina a mi pelo.

El recuerdo de la infancia que no tendrá late en mi vientre.

Catorce

Treintañera blanca y cishetero aprueba unas oposiciones, se compra un piso y tiene un bebé con el treintañero blanco cishetero de quien es pareja desde hace ya algunos años. A pesar de parecer el argumento más insulso de la historia, para alguien que no creía en los vínculos duraderos este es probablemente el acto más revolucionario y, sin duda, la mayor muestra de amor existente. Y es que, aun después de siete meses, cuando miro mi barriga me asalta un mismo pensamiento: «No puedo creer que lo hayamos hecho juntos». Confiar tanto en otra persona como para crear una vida es algo que no creía que fuese a sucederme nunca. La durabilidad de las relaciones más allá del momento presente está muy bien en las películas, pero no era algo que tuviese que pasarme a mí. La revelación llegó cuando por fin comprendí que no hacía falta hablar del temido *parasiempre* porque sumando *aquís* y *ahoras* estábamos construyendo algo preciado y precioso.

La maternidad no me vino dada, pero la idea de *amor* tampoco.

Quince

«Lo personal es político» rezaba el famoso lema de la Segunda Ola del Feminismo en los años 1960-1980. Tiempo antes, en 1917, Gramsci ya apuntaba que «vivir es tomar partido» y yo no puedo estar más de acuerdo con ambas afirmaciones. Vivir es decidir y toda decisión refleja (más conscientemente o menos) una postura ideológica (o quizás la falta de esta, que también lo es, al fin y al cabo). Tampoco la maternidad está exenta de carga política. Incluso antes de que nazca el bebé, uno/a se ve abocado/a a tomar infinidad de decisiones: desde elegir el nombre (la diéresis del mío, por ejemplo, fue en su momento un acto de rebeldía) hasta decidir el hospital donde dar a luz (¿público o privado?), pasando por hacer o no agujeros en las orejas (¿nos plantearíamos hacérselos si fuese un niño y no una niña?), escapar o sucumbir a los colores que perpetúan los roles de género, dar o no dar el pecho, practicar o no el colecho y, así, un larguísimo, larguísimo etcétera. Por el momento, mi objetivo personal está enfocado en mantener la coherencia entre mis decisiones y mis valores sin caer en dogmas ni radicalismos (lo cual — paréntesis autocrítico — no siempre me resulta fácil). Seguiré trabajando en ello.

Dieciseis

El otro día, lo reconozco, casi entro en crisis intentando montar un carrito de bebé. No supe por dónde empezar y llegué a convencerme de que mis habilidades espaciales y manipulativas no serían suficientes para dar forma a semejante armatoste. Incluso vi planear sobre mí la sombra del pensamiento destructivo: «Si no sé montar un puñetero carro, ¿qué tipo de madre voy a ser?». Entonces, apareció K. y, con la dosis precisa de cariño y empatía, las lágrimas de frustración se volvieron carcajadas y el torpe intento de montaje acabó mutando en un baile de dos locos abrazados entre los esqueletos de ese cementerio de carritos en que se había convertido el comedor.

Varios días después, el *Bugaboo* que heredamos sigue aparcado, sin montar, en una esquina, pero yo me alegro de haber superado mi primer pequeño-gran drama premamá y de haber aprendido que, con paciencia y con humor, todo es algo más sencillo.

Diecisiete

Deseo que nazcas y crezcas sana, que nadie te corte las alas, que el miedo no te paralice. Deseo que defiendas la alegría, que tomes tus decisiones, que aprendas de tus errores y actúes según tu criterio. Deseo que seas libre, que no dependas de nada ni nadie, que no hagas lo que se espera solo por satisfacer. Deseo que seas fuerte, que te despiertes un día y sientas que eres feliz. Y, sobre todo, deseo estar a la altura para acompañarte en el camino, dejando a un lado frustraciones y expectativas, incluidas las que aquí enumero.

Dieciocho

A lo largo de mi embarazo he ido escribiendo un diario, casi a modo de terapia. Lo he hecho mediante la escritura automática y con nula intención literaria, pero me gusta releerlo ahora, a pocos días de parir, porque me ayuda a ordenar hitos y sensaciones de estos meses tan intensos. Un resumen de momentos clave podría ser este, como podría ser otro: Ver arañas en todos lados (símbolo de fertilidad, según algunas culturas) y hacerme un test que resultó ser positivo. «Pero... ¿esto no costaba meses?». *Cançó de matinada*[3]. Mis padres dando vueltas al test cutre de Internet sin llegar a averiguar qué era. Recogimiento y evitación social hasta que lo hicimos público. Necesidad de estar y hablar frecuentemente

---

3   Canción de J.M. SERRAT.

con mis abuelas. Soñar con bocatas de jamón. Temores a manos llenas. Alegría y contención. Elecciones y 1 de mayo en urgencias. Asco constante y Caribán. Sororidad y conexión con cada mujer del mundo. Mi reino por un vermut. Baja por riesgo de escarlatina. Crisis del taco de queso no pasteurizado. Llorar como si no hubiera mañana cuando las ecos doce y veinte salieron bien. Sentir que sería niña por mucho que Ramzi se empeñase en lo contrario. Segundo trimestre fantástico. Primera patada, aguas cristalinas, barriga incipiente, mi primo Dani ejerciendo de padrino. «A mí nunca me dará eso del síndrome del nido» (¡ja!). Horas y horas hablando con mi madre. La pequeña reaccionando a su voz. El altar de flores que plantó mi padre cuando supo que iba a ser abuelo. Ser consciente de estar viviendo un momento único. Coger manía a los hombres por no tener que parir. *Dorm, petitona, dorm*[4]. Fisioterapia de suelo pélvico, pilates, mindfulness. No haberme arrepentido ni por un solo momento.

4   Poema musicado de GABRIEL JANER MANILA.

- Parto -

Diecinueve

Mi parto es la versión instrumental del *Halleluja* de Cohen en el parking de Son Llàtzer a las 3.45. Es una familia gitana arropándonos a la llegada. Es Machado y es Cavafis, porque mi parto es un viaje hacia Ítaca y mi Ítaca se llama Ona.

Mi parto es un lugar soleado que se extiende entre el *Mediterráneo* y los *Siete Cielos*. La dalia y la luna. Mis abuelas, pero también mis abuelos. Es un viaje en coche a Roquetas cuando tenía doce años.

Mi parto es cantar entre contracción y contracción, llorar de emoción y abrir la boca porque la boca es vagina y la vagina es una flor. Mi parto huele a lavanda. Es presencia y es paciencia. Es confianza en la vida.

Pero mi parto también es una epidural que apenas hace efecto. El menisco operado de K. Temblar de nervios y gritar «no puedo». Es Ona coronando con la cabeza ladeada y es episiotomía. Es la matrona diciendo «yo me encargo» y los ginecólogos yéndose y yo siendo más fuerte que nunca.

Porque hablar de mi parto es hablar de empoderamiento. De aún no sé cómo lo he hecho pero lo he hecho y aquí estamos. De mirar a la cara a mis peores miedos, de afrontar el dolor más intenso y la falta de control más absoluta.

Es Ona sobre mi pecho.

Y es amor y magia. Y es milagro.

- Puerperio -

Veinte

Puerperio: «Dícese del período que transcurre desde el parto hasta que la mujer vuelve al estado ordinario anterior a la gestación». Una buena amiga mía lo describe en cinco palabras que, a mi parecer, se ajustan mejor a la realidad que la definición de la RAE: posparto es «el infierno en la Tierra». En mi caso, no lo es tanto por el malestar físico (que, afortunadamente, ha sido corto y leve, casi anecdótico) como por el estado emocional derivado de las semanas (ya no se cuentan por días) sin dormir una hora seguida y por la montaña rusa hormonal que puede hacerme llorar de felicidad y de frustración o tristeza con pocos segundos de diferencia. Pero hay un factor común a todas las mujeres con las que he tenido oportunidad de hablar: la culpa. Culpa por sentir que no estás a la altura, que has cometido errores, que no eres capaz de satisfacer como querrías las necesidades del bebé durante las veinticuatro horas de todos los días de tu vida o que no sabes actuar siempre de la manera perfecta que tu hija perfecta merece. Culpa por sentirte o mostrarte vulnerable. Incluso por no estar disfrutando plenamente de la experiencia por culpa de la propia culpa. Me pregunto si esta sensación es inherente a las madres por causas sociales o biológicas (quizás sea una estrategia de la naturaleza para preservar la especie) y trabajo para aceptarla como parte del proceso y para conseguir que no haga sombra a todas las luces que, sin duda, también tiene esta brutal experiencia.

Veintiuno

Si pudieras entenderme te diría que, a menudo, soy incapaz de dormir porque no puedo dejar de mirarte. Te diría eso y que no comprendo cómo, siendo capaces los cuerpos de albergar este sentimiento desbordante, existe en el mundo más maldad que aquella mínima e indispensable excepción a la norma de este amor universal.

Veintidós

Hace unos días, alguien me dedicó esta frase que aún resuena en mi cabeza: «Te animo a seguir siendo la madre que eres». Tal es mi inseguridad en el terreno materno que me pareció increíble que un consejo como ese fuese dirigido a mí.

Hoy es el fin de mi cuarentena y tengo la excusa perfecta para plantearme un objetivo: confiar en mis capacidades y desterrar, en la medida de lo posible, culpas y miedos varios. Porque tener un bebé es mirarse en un espejo que amplifica todo aquello que tienes que trabajar. Y mi pequeña maestra me ha enseñado en seis semanas que la autoexigencia y la responsabilidad son contraproducentes si se llevan al extremo, que poco está ya en mis manos y que esta existencia desordenada puede ser maravillosa. Solo me queda fluir y aceptar que soy «la madre que soy» en esta vida incontrolable que hoy es más vida que nunca.

Veintitrés

Anoche, acurrucada entre las sábanas, escuchaba la tormenta que se acababa de desatar. Llovía la misma lluvia que corría rambla abajo algunas mañanas de otoño en Poblenou, cuando caminaba por las calles empapadas y desiertas de la que entonces me parecía la ciudad más triste del mundo. Mientras escuchaba el repiqueteo de las gotas contra el cristal, pensé en escribir sobre el trayecto de una hora hasta Canyelles, donde entraba a trabajar a las 8 de la mañana, y que incluía, para hacerlo del todo infernal, el trasbordo de Passeig de Gràcia. Entonces resonó en mi cabeza la versión de *Rock'n'roll star* que Loquillo había sacado con Pereza y que me acompañaba en aquellos paseos grises mientras mi mente reproducía en bucle el momento en que K. y yo nos habíamos despedido —creíamos— definitivamente. La canción hablaba de lluvia, de llanto y de tener alguien a tu lado que te recoja al caer. ¿Quién me recogería a mí? No tenía tiempo de planteármelo una vez subida a aquella rueda de hámster en la que se había convertido mi vida. Tenía veinte años y no era feliz.

La moraleja evidente trata de lo imprevisible y lo dinámico, pero, sobre todo, de la importancia de saber frenar la inercia y abandonar el barco a tiempo, aunque seas la capitana. Porque —*spoiler alert*— nadie va a venir a ponerte una medalla a la persistencia por haber permanecido en una situación que no te satisfacía. Menos mal que me di cuenta y decidí virar el rumbo. Sin aquella decisión hoy no existiría Ona.

Veinticuatro

«Ahora tenéis de todo», dice mi abuela mientras me ve sacar de la caja una pezonera. Y no le falta razón. Ella, que estando de parto tuvo que terminar de hacer una paella para su ginecólogo y otros amigos que estaban en casa aquel día; ella, que se partió el lomo para criar a cuatro hijos en un faro, sin tener ayuda alguna, ni física ni emocional, ha sido testigo de cómo un trozo de plástico transparente, junto con un sacaleches, una jeringa y un biberón especial me han salvado la lactancia. También han sido claves en el proceso las múltiples lecturas y los grupos de apoyo (virtual y presencial) en los que he podido conocer y compartir experiencias con otras mujeres en mi misma situación. Asesoras de lactancia, encuentros semanales, yoga y excursiones con bebés, baile-porteo... cada vez son más los espacios que favorecen el contacto entre madres, poniendo a la mujer en el centro, con objetivo de que el camino de la maternidad sea menos duro y solitario.

Mi admiración más sincera a todas esas mujeres jabatas, ejemplos de fortaleza que, por los siglos de los siglos, han sacado adelante a sus familias sin ningún tipo de ayuda.

Veinticinco

Desde que ella ha llegado, se han parado los relojes. El mundo permanece estático mientras paso horas mirándola hasta saber al detalle cada uno de los gestos y sonidos de su ya amplio repertorio. Suspiros, llantos, sonrisas... todo movimiento felino es nuevo cada mañana. A veces, cuando me observa con su mirada primera, la abrazo y respiro fuerte, con intención de grabarla para siempre en mi memoria.

Lo sé, nada es excepcional, la gente lo hace a diario, pero cuesta asimilar que me está pasando a mí.

Sucede que aún no me creo que me he convertido en madre.

Veintiséis

Anoche, tras dos horas de llanto casi ininterrumpido (suyo, aunque alguna lágrima mía hubo también) metí a Ona en el carrito y bajé a la calle a vagar por la ciudad. Al ver que al fin se dormía, pedí en un bar una infusión que luego supe incompatible con la lactancia y que acabé pagando sin tomar porque se puso a llorar de nuevo. Mientras daba vueltas a la manzana esperando a que se durmiera, leí un artículo que acababa de recibir en un grupo de mi red de madres: «La soledad de la maternidad». Yo no me siento sola, pero, a veces, sí me siento sobrepasada. No es siempre, pero cuando ocurre es duro y me parece importante que también se hable de ello. Porque ocultar nuestras vulnerabilidades nos hace un flaco favor, como mujeres, individual y colectivamente. No somos peores madres por sentir, en algún momento, que no estamos preparadas, que no llegamos a todo. Reivindicar nuestros errores y nuestras debilidades nos hará más fuertes.

Veintisiete

El año pasado, mi madre me regaló un calendario de adviento hecho por ella misma. Cada día contenía un pequeño detalle material, acompañado de un poema de una mujer célebre. Virginia Woolf, Frida Kahlo, Gloria Fuertes, Alejandra Pizarnik, Gioconda Belli, Shirley Campbell y hasta un total de veinticuatro mujeres referentes me acompañaron, día a día, hasta que llegó la Navidad.

Este mes de diciembre de nuevo se ha superado y, en su recién estrenado rol de abuela, me ha mandado a diario una poesía infantil y un texto propio dirigido a Ona. En esos pequeños escritos le explica, con un amor único y desbordante, que nunca la juzgaremos y que, pase lo que pase, estaremos siempre a su lado. Le cuenta también historias de otros tiempos, como la del caballito de madera que me compraron en Portugal y al que cada día quita el polvo hasta que ella pueda usarlo, y la anima a vivir sin miedo y a equivocarse, porque «el Reino del Revés[5] puede ser muy divertido».

A menudo, cuando recibo este regalo diario pienso en la suerte que tiene mi hija con esta familia que le ha tocado y no puedo evitar llorar. Ojalá yo llegue a ser la mitad de buena madre para ella de lo que la mía fue y es para mí.

5   Poema de MARÍA ELENA WALSH musicado por ROSA LEÓN

Veintiocho

Año 2020. Día 1.

Ona se ha quedado con mis padres para que yo pueda disfrutar de mi primer rato a solas sin obligaciones en las últimas 11 semanas.

He bajado a la playa a hacer una meditación guiada mientras el sol conspiraba para acompasarse con el audio y salir de entre las nubes en los momentos precisos. He redescubierto olores y colores olvidados desde octubre. He paseado por la orilla y me he mojado los pies con zapatos incluidos (esto no estaba previsto). He saltado de roca en roca para tener una perspectiva del faro desconocida hasta ahora y me ha gustado como metáfora sobre cómo afrontar el año. He empezado un libro y he respirado mucho. He visto un cormorán.

Ha sido solo una hora, pero ha sido *mi* hora y me he dado cuenta de que ser madre y mantener el espacio para mantener la esencia es un propósito necesario que quiero añadir a mi lista.

Veintinueve

Mi maternidad tiene tres paradas previas. La primera, en forma de conversación, con dos botellas de sidra, a los pies de Covadonga. La siguiente, como una ilusión fugaz, en un mercado anual con gran afluencia de embarazadas: «¿Te imaginas que, en la próxima edición, soy yo una de esas premamás?». Y la última y definitiva, una noche posnavideña, cuando, embelesada por el calor de dos amigas que jugaban con sus bebés, sentí por primera vez que no quería perderme aquello que tanto miedo me daba. De ahí que, en las últimas páginas de mi agenda, dejase constancia de un objetivo para los próximos doce meses: «Aclarar si quiero tener hijos», y trazase un itinerario con los pasos a seguir en función de la decisión tomada. Quién me iba a decir que, antes de acabar el año, iba a tener en mis brazos a una niña a la que llamaría hija (¡hija!) y de la que sería madre (¡madre!). El amor rebasa y revienta, en esta ocasión, todas las balanzas y 2019 se resume en las tres letras de un nombre que lo resignifica todo.

Treinta

La frase más pronunciada por quienes, durante las primeras semanas, nos paraban por la calle para felicitarnos por Ona fue: «Disfrutad esta etapa, porque se acaba muy rápido». Y resulta que era cierto. Que nos pasamos la vida esperando, deseando que corra el tiempo, que lleguen tiempos mejores. Que Ona aguante la cabeza. Que duerma bien por la noche. Que sea más independiente.

Entonces llega el día en que puedes ver del tirón una

película o leer varias páginas de un libro y te sientes aliviada pero triste al darte cuenta de que aquella primera fase parece ya tan lejana que casi no la recuerdas. Y, mientras la nostalgia te invade y te juras y perjuras exprimir cada momento, notas como el tiempo, sutil pero incesante, va escapando entre tus dedos.

Treinta y uno

Por todos es sabido que hay tantas maternidades como mujeres sobre la Tierra y en los últimos tiempos se reivindica, afortunadamente, el derecho a ser el tipo de madre que cada una quiera ser. También, aunque quizás menos, se reivindica el derecho a no serlo. Pero reconozco que a veces echo en falta la reivindicación del derecho a dudar, a no saber qué se quiere, a no tener las cosas claras. Porque no todas llegamos a la maternidad de forma directa y por el camino corto. Somos muchas las que no sentimos la llamada de forma natural, sino que necesitamos deconstruirnos primero para luego descubrir que queremos tener descendencia. No puedo decir que llegué hasta aquí engañada, que no sabía del cansancio, de las preocupaciones, de la dedicación, de las noches sin dormir... pero me resulta curioso que nadie me contara la que ha sido, para mí, la mayor de las sorpresas: ser madre puede ser también una experiencia alegre. Quizás se daba por supuesto, pero no me lo esperaba. Decididamente y contra todo pronóstico, «diversión» es una de las palabras que define, por el momento y a pesar de la dureza, los últimos cuatro meses.

Treinta y dos

Pertenezco a esa generación que no llegó a *Mujercitas* a través de la novela, sino de los dibujos japoneses que emitía Antena3 a principios de los 90. Yo, como tantas otras pequeñas lectoras, me identificaba con Jo: quería ser escritora, era desgarbada y no me interesaba en absoluto aquello relativo al rol femenino tradicional. No se contaban entre mis preocupaciones vestidos, peinados ni tópicos similares e incluso mi relación con los chicos era y sería durante largo tiempo parecida a la suya con Laurie.

La tarde de Reyes me regalé, no sin cierto remordimiento por alejarme de Ona, una sesión de cine conmigo misma. Fui consciente de la culpa al esconderme de una conocida con quien compartía sala, por miedo a que juzgara negativamente mi momento de evasión. Pero aun con eso, mereció la pena la escapada.

Debo reconocer que mis expectativas hacia la nueva película de *Mujercitas* no eran demasiado altas, pero me llevé una grata sorpresa. No solo por las actuaciones de su acertado reparto, por la bella ambientación y por el interesante planteamiento cronológico, sino porque me conectó automáticamente con mi infancia. Ver *Mujercitas* supuso en mí una regresión, un viaje catártico a una Aïda de nueve años que, hasta los treinta y cinco, no ha sido consciente de la gran influencia que tuvo en ella la historia de las cuatro hermanas y, muy especialmente, el personaje de Jo. Tuve suerte de crecer con *Mujercitas*, en el formato que fuese. Ojalá más referentes feministas para nuestras niñas —y niños— de hoy.

Treinta y tres

Cuando por fin caes rendida, te miro durante horas: tu gesto impasible, tu pecho subiendo, bajando, subiendo, bajando... y siento que no me está pasando a mí. Que me he colado en una vida ajena, suplantando esta identidad de madre que, a todas luces, debe de ser transitoria. Porque cualquier mañana, al despertar, el sueño habrá terminado y volveré a ser aquella chica que metía, por las noches, las gafas de sol en el bolso a sabiendas de que la luz le molestaría al volver, al día siguiente, a una casa en la que casi nunca estaba. Esa casa que hoy huele a colonia y que está llena de *muselinaschupetescuentosinfantilesbaberos* por doquier. La misma en la que ahora duermes mientras yo te miro y me doy cuenta de que no querría estar en otra parte. Entonces, la intensidad me desborda y necesito respirar para integrar tanto amor mientras deseo que no acabe nunca esta forma de querer, aunque sea agotadora.

Treinta y cuatro

Ona duerme en su cuna, custodiada por la tribu, al otro lado de la pared de piedra. Mientras, la lluvia marca el compás y me acomodo bajo mi chubasquero azul, al ritmo de aquellos versos adolescentes: *Està plovent i no tinc cap pressa, està plovent però em vull mullar...*[6]

---

6   Canción del grupo catalán Els Pets: "Está lloviendo y no tengo ninguna prisa, está lloviendo, pero quiero mojarme."

No me importan la alerta naranja ni el descenso de las temperaturas. Me dan igual la ciclogénesis explosiva y las advertencias de mi abuela sobre resfriados y pulmonías. Porque resulta que soy madre y que el mundo sigue girando. Que las estaciones se suceden y Ona duerme en su cuna mientras yo retomo mi libro, lápiz en mano, y con él retomo la vida.

Treinta y cinco

El pasado 8M, volviendo de la manifestación, una señora tropezó tras de mí con tan mala suerte que me tiró por las escaleras que llevan a S'Hort des Rei. Estaba embarazada de seis semanas y vi aflorar una a una y en fila todas mis preocupaciones. Aborto, trisomía, curva de la glucosa, eco metamórfica, parto... había tantas cosas que podían salir mal que el camino se me antojaba largo y angosto y solo tenía un deseo: poder acudir al próximo 8M en compañía de un/a bebé sano/a. Eso significaría que había pasado un año y que todo había salido bien. Afortunadamente, así fue y ayer paseamos avenidas abajo clamando por un futuro feminista. Habiendo dormido cuatro horas y con unas ojeras hasta la barbilla, sí, pero sintiéndome dichosa por poder estar allí, con ella y por ella.

Treinta y seis

A veces quiero escribir sobre sexo, pero.

No son asuntos de madres, dicen, las cuestiones de la carne y yo no querría —diosa me libre— resultar impúdica o incómoda confesando que he deseado y deseo.

Si un día me animase a hacerlo, no contaría historias tórridas de portal y callejón carentes de interés literario. Sí hablaría, en cambio, de aquel tipo que, tras una velada juntos, me enseñó, guitarra en mano, la diferencia entre bulería y alegría. Confesaría que los mejores días de verano los pasé un agosto en Madrid, de donde la gente huía mientras yo amaba a personas por quienes leería *Rayuela*, escucharía a Parker y descubriría que las pelis de Auster (marido de Siri Hustvedt —apréciese la ironía—) me gustaban más que sus libros.

Si no tuviese reparos, detallaría el fin de semana en que hicimos de un colchón un mundo, entre versos de Piquero y helado de chocolate, en el cuarto compartido de un estudio de Sevilla. O cuando nos sorprendió el sol de enero, temblando de emoción y frío, y luego mutó a sol de junio y hubo que decir adiós.

Si no me autocensurase, contaría que una noche vi de cerca a Mefistófeles y compartí copa y cama con Fausto desliteralizado. Pero se impone el pudor y queda en el tintero el sexo, poético y divertido, cuyo relato, a menudo, trasciende a la propia experiencia. Un sexo que permanece, escrito o en la memoria, como parte del *atrezzo*, y dura todas las vidas.

Treinta y siete

Hoy he preguntado en el hospital qué tengo que hacer para dejar de dar el pecho. No lo tengo decidido, pero quiero saber las opciones porque mastitis y bebé en crisis de lactancia no es combinación sencilla. El caso es que la idea de coger el camino que conduce al biberón me genera impotencia, frustración y rabia. Y también bastante pena de esa de llorar en silencio. No porque vaya a ser peor madre sino porque, cuando todo va como es debido, disfruto de la experiencia. El problema viene cuando aparecen complicaciones y, desafortunadamente, aparecen a menudo. También hay un punto de ego. Si dejo de dar la teta, ¿qué me diferenciará de cara a Ona de cualquier otra persona? ¿Pasaré a ser prescindible al no aportar nada distinto? ¿Seré capaz de vincular con ella de otra manera que sea igual de especial? Desde hace ya una semana, esas y otras preguntas resuenan en mi cabeza y no me veo capaz de darles una respuesta.

Treinta y ocho

Desde que tengo uso de razón, ante situaciones desesperadas mi padre siempre tiene una respuesta: *let it be*. Pero no un *let it be* resignado como forma de evitación, sino un *let it be* resiliente como burbuja de oxígeno. Como pausa. Como tregua. Como antídoto para detener el bucle y mirar a la cara a la crisis cuando estemos preparados.

Son tiempos de confinamiento. *Let it be.* No sé cuándo volveremos a ver a K. porque el estado de alarma[7] nos cogió en lugares diferentes. *Let it be.* Mi madre, grupo de riesgo[8], sigue expuesta en su trabajo. *Let it be.* Mi mejor amigo tiene covid. *Let it be, let it be, let it be.* Ya pensaremos en ello mañana, cuando podamos afrontarlo constructivamente. Por el momento, cojamos la guitarra y cantemos, porque solo cantándolo se hace la magia.

7   Hace referencia a la declaración de estado de alarma emitida en marzo de 2020 por la crisis de la covid-19, y a los posteriores meses de confinamiento.

8   «Grupo de riesgo» se refiere a las personas que, por motivos de edad, salud o empleo, estaban más expuestas o eran más susceptibles de contagiarse de covid.

Treinta y nueve

Algún día te contaré que cumpliste medio año en situación de confinamiento. Que no hubo abrazos de papá ni comimos su tradicional bizcocho de cumplemés porque estaba haciendo el mayor de los sacrificios: estar lejos de nosotras para protegernos del virus al que se encontraba diariamente expuesto. Te contaré que no vio salir tus dos primeros dientes, ni pudo estar presente cuando te pusiste panza abajo. Tampoco en tus amagos de gateo ni en tus nuevos balbuceos, pero nunca se puso en el centro ni se victimizó por ello, sino que me animaba a mí convenciéndome de que habíamos hecho lo más sensato. Te contaré también que no faltó ni una sola tarde a la vídeollamada de las 8 y que, cada vez que te veía a través de la pantalla, sonreía con esa sonrisa contagiosa que tú has heredado de él. Algún día te contaré todo esto para que no te quepa la menor duda de que tienes un padre que te adora y que lo demuestra, entre muchas otras formas, anteponiendo tus necesidades a las suyas.

Creo que de eso trata, en parte, aquello llamado amor.

Cuarenta

Estado de alarma, día 35. La respiración de Ona me arrulla mientras repaso mentalmente la lista de cosas que haré cuando acabe este episodio pseudoapocalíptico al que no logro acostumbrarme: abrazar a mis abuelas, sentir el tacto de K., recoger ese libro que tengo encargado, celebrar el recién estrenado equinoccio. Actividades sencillas que me ayudan a mantener la esperanza en este mundo donde los días se cuentan por muertos. Apago el despertador. Cuando salga de la cama dará comienzo el macabro baile de cifras. Solo cinco minutos más. Ona duerme entre mis brazos. No sé quién acuna a quién.

Cuarenta y uno

Cuando, semanas antes del aislamiento, vi a mi padre meter en el congelador las últimas rosas de su jardín, me pregunté si se trataba de un acto poético revolucionario o de un intento infructuoso de retener una belleza que, casi por definición, debería ser efímera. Recuerdo haber pensado que su flor congelada no distaba tanto de cualquiera de los momentos que yo intento plasmar por escrito con la ilusión de conservar la esencia de algún instante que quiero guardar para siempre. El primer Día del Libro de Ona ha sido uno de ellos. No ha habido vermut literario ni paseo entre los puestos buscando la lectura perfecta, pero lo hemos celebrado, igualmente, a nuestro modo. A mediodía, Ona ha recibido varios libros reciclados, con dedicatorias escritas por unos abuelos cuyo mayor regalo es poder compartir con ella el día más especial del año. Después, le hemos entregado un cuento escrito por mí e ilustrado con cariño por K., en la distancia. Y, finalmente, la rosa helada que, tras meses de espera en el congelador, ha cumplido su misión: ser la guinda de un Sant Jordi diferente en que hemos conseguido reunir todos los elementos que hacen de este un día único.

Cuarenta y dos

El 2 de mayo de 2009 el Barça le metía seis goles al Real Madrid en el Bernabéu, iniciando así el camino hacia el mítico *triplete*. Mientras, Albert Pla presentaba *La diferencia* en el Teatre Principal de Palma y yo estaba a punto de conocer al futuro padre de mi hija.

Durante los meses siguientes, una serie de decisiones pondrían el mar entre nosotros, impidiéndonos estar juntos y uniéndonos, también, para siempre. Hoy, la distancia, esa constante aun presente, nos obliga a celebrar separados que hace once años, después de su partido y mi concierto, una litrona compartida en las escaleras del Tunnel[9] antiguo puso patas arriba nuestras vidas. Pero lo celebramos con alegría, porque el reencuentro está cerca y no puede haber mejor regalo en esta fecha bonita que tiene nombre de calle donde un día fui feliz[10].

9   Mítico bar de música rock de Palma.
10   Calle Dos de maig, del barrio de l'Eixample de Barcelona.

Cuarenta y tres

Hace ocho meses que no duermo. Salvo en contadísimas ocasiones, desde que Ona nació no he conseguido descansar más de dos horas seguidas. Desde una mirada respetuosa, he probado todo lo habido y por haber, para acabar aceptando que, por primera vez en la vida, de nada me sirve leer libros ni manuales, hacer registros ni estudiar variables que me ayuden a descubrir qué tecla tocar para que empiece a dormir mejor. Rutinas, ventanas del sueño, actividades relajantes... todo eso no va con ella, y también caen en saco roto los tutoriales que prometen fórmulas mágicas con las que conseguir, presuntamente, que aumenten sus horas de descanso. En parte, me gusta pensar que es demasiado punki para seguir patrones que la encorseten y la imagino haciéndole un corte de manga a este mundo rígido contra cuyas leyes se rebela. Pero, por otro lado, el cansancio es tal que a veces se me saltan las lágrimas de puro agotamiento.

Con el tiempo he comprendido que la mejor estrategia es aceptar la situación y atravesarla con la energía de que disponga en cada momento, sin expectativas ni frustraciones. Y hoy me apetece explicarlo porque la maternidad también es esto, y no solo instantáneas bonitas colgadas en Instagram.

Cuarenta y cuatro

Mientras la OMS informa: «Europa debería ir preparándose para futuros repuntes de coronavirus», me pregunto si la vida volverá a ser la que era. Si volveré a abrazar a mis mayores sin miedo de contagiarles, si volveré a salir de casa sin solución hidroalcohólica en el bolso, a acercarme sin reparos a menos de un metro de otras personas, a besar a Ona sin sentir que la pongo en riesgo. Me pregunto qué permanecerá y qué mutará en este mundo que ella recién estrena. No sé si la vida volverá a ser la que era, pero nosotras, esta es mi única certeza, nunca seremos los mismas.

Cuarenta y cinco

No escribo una sola palabra desde hace dieciocho días, casi tres semanas, fase y media de desconfinamiento. No es preocupante, al contrario, no existe testimonio escrito sobre las mejores épocas de mi vida. Solo hay una cosa más aburrida que escribir sobre la felicidad y es leer sobre ella, así que mejor ahorrar en parrafadas que cuenten el reencuentro con K. o los paseos en los que el cielo no puede ser más azul ni más brillante el mar que acoge por primera vez a Ona. Para qué hablar de los aperitivos improvisados, de las lecturas fugaces o de los viajes que planeamos mientras sentimos que la vida nos sonríe. Mejor seguir limitándome a robar versos que resuman la gratitud al pensar que estamos vivos y juntos y sanos.

Cuarenta y seis

No considero que las fechas sean datos especialmente relevantes, pero tengo la absurda capacidad de recordarlas por más que pasen los años. Ese y relacionar caras con nombres de personas a las que apenas conozco deben ser los dones que esta vida me ha concedido. Recuerdo los cumpleaños de compañeros del colegio que ni siquiera eran amigos. El encuentro de corales un 9 de abril de hace mucho para cantar la versión musicada de *La flor romanial*. Mi primera —y última— declaración romántica el 24 de enero, un año después. Y no necesito que un Facebook con poderes retroactivos me recuerde que hace exactamente veinte años el chico que me gustaba me pidió mi primera cita.

Ninguno de los datos es funcional hoy en día, pero a lo largo del tiempo me he acostumbrado a jugar con este baile de fechas y me divierte hojear mentalmente mi catálogo de anécdotas y recuerdos. El de hoy, por ejemplo, quedará registrado como el día en que Ona cumplió nueve meses.

En los humanos, la gestación dura aproximadamente treinta y ocho semanas, doscientos sesenta y seis días, desde la concepción hasta el nacimiento. A lo largo de la evolución, el embarazo ha ido reduciendo su duración a causa del aumento del tamaño de la cabeza y al estrechamiento de la pelvis después de la bipedestación. Los cachorros humanos nacen indefensos y necesitan nueve meses de «gestación externa» para empezar a ser maduros. Es por ello que este cumplemés tiene un significado especial: Ona evoluciona a pasos agigantados y hoy finaliza su exterogestación.

Cuarenta y siete

Últimamente, las redes sociales me han sugerido algunas cuentas de madres perfectas, de esas que tienen retoños igual de perfectos que no lloran ni se manchan y que duermen del tirón toda la noche. Las reconoceréis por sus sonrisas brillantes, sus caras maquilladas sin rastro alguno de ojeras y sus peinados intactos siempre a la última. Lejos de enmarcarse en la burbuja de perfección que rodea a esas mujeres con rostros descansados y casas impecables, mi maternidad tiene más que ver con dormir en espacios de dos horas cuando hay suerte y con correr pasillo abajo con el pantalón por la rodilla porque Ona se ha despertado antes de que me dé tiempo a vestirme. Comparaciones al margen, me siento igualmente feliz de haber iniciado esta aventura. Porque mi experiencia no es ni de lejos perfecta, pero es auténtica y maravillosa.

Cuarenta y ocho

Mañana me incorporo presencialmente a mi puesto de trabajo. Tras enlazar el permiso de maternidad con el de lactancia, un mes sin empleo y sueldo y una pandemia mundial, dejaré a mi hija menor de un año para volver a ser productiva. Mi máximo desprecio a un sistema que nos obliga a separarnos y que me priva de compartir con ella esta etapa en la que cada segundo es una vida entera. Sé que soy privilegiada, que estará estupendamente atendida por su padre y por su *padrí* hasta que yo termine una jornada que he podido reducirme, que en breve termina el curso, que no todas las madres tienen tantas opciones. Pero me resisto a resignarme. Imposible sentirme afortunada, ni siquiera por contraste, en un país donde «conciliación» es solo una palabra vacía que ornamenta los discursos de quienes no tienen ningún interés en darle significado. O nos ponemos las pilas en la lucha por nuestro derecho a maternar en condiciones o seguiremos perdiéndonos momentos irrecuperables.

Cuarenta y nueve

A ti no te iba a pasar. Tú no ibas a ser de las que condicionan su vida a las rutinas del bebé, porque la crianza tiene muchas formas y la tuya iba a integrar a tu hija en todas tus actividades. Tampoco ibas a tener un solo amigo que empezase a llamar menos ni ibas a agobiarte con los tempos de desarrollo porque cada cual tiene su ritmo, como tan claramente ves a diario en tus alumnos y alumnas. Tú no ibas a tener la necesidad de hablar de cacas y de mocos ni ibas a dar la teta sufriendo si existen los biberones. Tú, responsable e informada, no te ibas a cuestionar, por una opinión ajena, las decisiones que tomaste con consciencia y con criterio. A ti no te iba a costar volver a un trabajo que te realiza porque además de madre eres persona. Tú ibas a hacer muchas cosas y no ibas a hacer otras tantas, hasta que la vida te puso en tu sitio y te rompió en la cara tu hoja de ruta perfecta.

Todo es ahora y de nada valen planes ni ideas preconcebidas. Por eso, hoy toca pedir disculpas, aunque sea mal y tarde, a las madres de las que me alejé sin saberlo y a aquellas a quienes pude herir con prejuicios o comentarios, por bienintencionados que fuesen. Porque la maternidad se manifiesta de muchas maneras, también como cura de humildad.

Cincuenta

Los bañadores descansan cabeza abajo en la cuerda de tender mientras mi padre pasea a Ona a ritmo de nanajazz. Huele a corazón de sandía recién cortada y *s'embat*[11] acerca el rumor de las olas de la playa donde un día fui niña y luego adolescente y luego joven. Esa playa que hoy vuelve a hablar mallorquín y pertenece, como un regalo inesperado con el que ya nadie contaba, a quienes crecimos en ella. Mientras saludo a unos y a otras, pienso que esta repercusión inaudita y probablemente irrepetible de la pandemia me hace sentir más en casa que nunca y vuelvo al hogar dejando un rastro de agua marina y arena gruesa.

Despego el salitre de mi piel a base de manguerazos y pongo la mesa en el porche mientras un coro de cigarras ameniza la velada y mi madre prepara la comida que precede al rito estival más sagrado: la siesta con ventilador.

Cuantitativamente, valoro el fin de semana en libros: he terminado una novela, me he sumergido a conciencia en un poemario y he releído varios cuentos. He dormido dos noches seguidas y me siento relajada y enérgica a la vez, como si la vida hubiese adquirido, de repente, un color conocido y renovado al mismo tiempo. El color azul brillante de los veranos de mi infancia.

11   En Baleares, término que designa al viento que sopla desde el mar hacia la tierra en las horas de más calor.

Cincuenta y uno

Hace unos días, una madre primeriza expresaba, radiante, que este estaba siendo el mejor verano de su vida. ¿Es el mejor de la mía? me pregunté, apretando sin querer el botón que activa el mecanismo de la culpa, y me sentí poco menos que una monstrua por no responder sin dudarlo que sí, que por supuesto, que faltaría más. Desde luego, es el verano más especial, el más diferente, pero... ¿el mejor? Hice entonces un repaso a los botecitos donde etiqueto mentalmente mis recuerdos, cual buena «fama» de Cortázar, y caí en la cuenta de que, en mi Top 5 de veranos, no había ninguno perfecto. No solo eso, sino que varios de ellos coincidieron en el tiempo con episodios que en su momento supusieron para mí auténticos dramas (separación de mi grupo de amigas, problemas de salud, miedo e incertidumbre). Pero, con el paso de los años, mi mente parece haberse encargado de desdibujar la parte menos agradable de aquellos días y hoy prevalece la sensación de felicidad y plenitud reduciendo cualquier problema a un insignificante detalle. Eran épocas de cambio y siempre fueron a mejor.

Intuyo, y espero no equivocarme, que pasará lo propio con este verano insomne tan distinto a cualquier otro que, para ser clasificado, bien merece la invención de un etiquetado aparte.

Cincuenta y dos

Dar a luz te ayuda a entender muchas cosas. Por ejemplo, por qué mi *padrina*[12] siempre felicita a mi madre por mi cumpleaños. Hoy, al fin, he comprendido el misterio: y es que, en realidad, es ella tanto o más que yo la verdadera protagonista de este día.

«Abuela», en dialecto mallorquín.

Cincuenta y tres

Miro a Ona con la mirada nueva y vieja de quien sabe que se avecina un cambio. La observo concienzudamente, gesto a gesto, poro a poro, y archivo la imagen en mi memoria como una fotografía a la que volver, para encontrarla intacta, cuando la vida y el tiempo la modelen a su antojo. La institucionalización empieza mañana a las 9, cuando entre en la *escoleta*[13] y empiece a asumir las normas de esta sociedad podrida. Nuestra consigna es interferir lo mínimo en su desarrollo, que sea quien es y no quien nuestras expectativas y frustraciones decidan que debe ser. Confío en que las profesionales harán su trabajo con cariño, pero la educación reglada pasa, inevitablemente, por la homogeneización, y lo sé de buena tinta porque formo parte del gremio.

Alegre y temperamental, observadora e inquieta, así es mi hija en esencia y así quiero recordarla.

13   Escuela infantil.

Cincuenta y cuatro

Me tumbo en el sofá del que hace justo un año me costaba levantarme. Suspendida en esta suerte de tiempo distinto al conocido entonces, miro a mi alrededor y observo, satisfecha, el resultado del terremoto que, a estas horas ya extinguido, descansa tranquilo en su cuna. No puedo negarlo: me encanta el caos que se ha instalado, para quedarse, en cada rincón de la casa. Nuestro pequeño universo de juguetes y libros por todas partes llena hasta el desbordamiento la vacía palabra hogar. La inmersión en este desastre armónico me resulta placentera y la paz cuando Ona duerme y apaga con ella el mundo es, por contraste, aún mayor. El desorden de colores me lo confirma: todo está en su sitio, una noche más.

Cincuenta y cinco

Desde hace once meses mido el tiempo en minutos de calidad con ella. Un día perdido es únicamente aquel en que no la miro lo suficiente y hoy es uno de esos días. El mundo no se detiene para que yo ejerza de madre y me enfado con él y conmigo por ponerme obligaciones que hacen tambalear mi presencia. Menos mal de las noches redentoras en que las horas se ensanchan mientras la abrazo y la respiro. A veces, también le pido disculpas por cada minuto perdido y ella, que no sabe de reproches ni de culpas, se acurruca en mis rincones y me dice que me perdona en el lenguaje del calor.

Cincuenta y seis

Ona cumple doce lunas (en unos días, doce meses) y yo tengo una urgente necesidad de conexión, pero no encuentro el tiempo ni el espacio para tomar consciencia de lo que pasó un año atrás. No quiero recrearme en ello porque me causa, a la vez, tal emoción y nostalgia que me cuesta soportarlas. Aunque quizás sí necesite sumergirme en el recuerdo para asimilar que el tiempo vuela y que Ona no volverá a tener un mes, ni dos, ni tres, ni cuatro... que no me volverá a mirar por primera vez como aquel mediodía de octubre, cuando la matrona la tumbó sobre mi pecho y ella levantó la vista para darme la bienvenida al mundo nuevo que acababa de crear para mí, para nosotras. Seguramente necesite ser consciente de todo ello para aceptarlo y, solo entonces, recibir con brazos y entrañas abiertas las miradas que están por llegar. Esas que siempre corresponderé y que serán, también, las primeras.

Cincuenta y siete

A veces, me paro a verla pensar. La observo, la observo, la observo... pero no llego a descifrar lo que pasa en su cabeza. La miro fijamente como queriendo absorber el momento y la sensación es demoledora. Creo que mi mente no está preparada para comprender tanta vida (porque, al fin, ella es vida y es La vida) y mucho menos para asimilarla. Entonces pienso que Ona es libre porque nadie puede poseer sus pensamientos y sigo disfrutando, aliviada, del espectáculo maravilloso que es su presencia en el mundo.

Cincuenta y ocho

Transito, desde hace un año, el límite y la abundancia. Todo ha sido escrito antes, pero nada de ello sirve. La sacudida que te rompe y te deja desnuda, temblando, ante el abismo; el rayo que te parte en dos. Crear da y quita la vida y no hay términos para el alud. Bienvenida al universo de las madres —al vértigo, a la inmensidad—, aquí tienes tu mochila, llena de felicidad y dudas. Lugares comunes describen lo que no puede contarse: mirarla es, siempre, la respuesta. Su risa es mi medicina. ¿Y su respiración? El mundo. Cada tópico me suena a insulto. Parirla me hizo inmortal. Bla, bla, bla, bla. Mi lengua sigue hablando para decir la nada. ¿Cómo explicar lo inefable? Mejor, callo. Guardo para mí cada palabra yerma. Y todo lo que no digo es amor.

- Otros retales sobre maternidad -
(apuntes más allá del año)

Cincuenta y nueve

Anoche lloré, a oscuras y en silencio, en ese espacio sin tiempo que es la habitación de Ona. Lloré relojes y calendarios, lo presente y lo no ausente, y lloré la vida y la muerte para economizar el llanto. Lloré el todo y lloré la nada mientras, mirándola, comprendía la idea de lo sagrado. Ojalá pueda explicarle que es la única religión que profeso porque solo ella es digna de culto. Transmitirle ese mensaje: supongo que, en realidad, es esa y ninguna más la motivación de estos escritos.

Sesenta

¿Has sentido alguna vez que querrías estar en otro sitio? No en un lugar en concreto, sino en cualquier otro distinto a aquel donde estás ahora. «Querría no estar aquí pero no tengo alternativa» es algo que he pensado en diversas ocasiones: el primer día de colegio cada vez que nos cambiábamos de ciudad, las veces que me he puesto mala estando lejos de casa, en el examen de coche y de oposiciones, cuando voy a sacarme sangre... Este fin de semana, con K. y Ona enfermos y guardando los tres cuarentena, he vuelto a sentirme así. «Ojalá pudiera desaparecer un rato» pensaba mientras se me saltaban las lágrimas, superada al ver a mi hija consumida por la fiebre. Afortunadamente, no ha sido grave y ya se encuentra mejor, pero he podido comprobar que aquello de que su dolor duele mucho más que el mío no es una forma de hablar y que ser madre es ser fortaleza en su sentido más polisémico. Este fin de semana me he convertido en raíz y en roca y he aprendido que una madre es una casa incluso — ¿especialmente? — cuando las fuerzas flaquean y sientes que no puedes más.

Sesenta y uno

Hay mucho de ego canalizado a través de los hijos. No ya solo en cuanto a su apariencia física, que es la parte más inmediata pero más superficial, sino sobre cualquier cualidad positiva que un externo les atribuya. Si me despisto, me descubro a mí misma sintiéndome orgullosa cuando alguien me dice que Ona es simpática, observadora o espabilada. ¡Como si fuese mérito mío!

Hace tiempo leí *Años luz*, de James Salter. Apenas podría resumir el argumento, pero recuerdo reflexionar sobre la presión que debían de sentir las hijas de esa madre que las concebía como un proyecto, como una creación propia a través de la que alimentar su autoestima y compensar sus carencias. Me encontraba en aquel entonces en pleno proceso de averiguación sobre si quería o no traer un bebé a este mundo y me prometí no caer nunca en la tentación de proyectar mis frustraciones sobre mi todavía hipotética descendencia. Hoy que soy madre sé que a veces no es tan sencillo, pero sigo trabajando para interferir lo mínimo y que Ona pueda ser Ona, ni gracias ni a pesar de mí.

Sesenta y dos

Soy de natural bovarista. Por mucho mindfulness que haga y por más que aprecie el presente, no puedo volver a Roquetas y no abrazar la nostalgia. Hoy, en el ecuador de mi viaje, he pasado un rato a solas por primera vez desde que llegué. Era urgente convocar reunión en la playa para hablar con mis fantasmas y no ha faltado ninguno a la cita: la niña que lloraba porque su abuelo le daba a su primo y no a ella los carretes de pescar, la adolescente que recibía los besos más dulces bajo el jazmín, la veinteañera que bebía *kalimotxo* de mora y comía pipas Tijuana en el muro del paseo, la que poco después enterraría a su abuelo y volvería, pasado el tiempo, con un bebé entre sus brazos.

Mientras exorcizo mi pasado, me vienen a la cabeza los versos de *Caure no feia mal*, una canción donde Joan Dausà implora volver al lugar donde su vida aún latía y caer no era doloroso y me pregunto si ese sitio fue, para mí, Roquetas. Si lo fue y si lo sigue siendo. Porque, aunque hoy me encuentre cansada y eche tanto (¡tanto!) en falta aquellas versiones de mí, soy consciente de que estos serán recordados por mi yo melancólica del futuro como días privilegiados en que convivir bajo el mismo techo con otras tres generaciones hizo del mundo un lugar más amable. Ese donde, en el fondo, la vida seguía latiendo y caer tampoco dolía tanto.

Sesenta y tres

Si recuerdo 2020, de mi boca solo sale calor y suavidad y azul, pero no está bien hablar de amor cuando otros están sufriendo. No es tarea sencilla hacer balance del año en que se paralizó el mundo. Sobre todo si no sabes cómo decir sin ofender que para ti no ha sido tan malo. Y es que empezar 2020 con una recién nacida y acabarlo con una niña que camina y parlotea no es un asunto menor. Haber tenido el tiempo para acompañar su proceso con la dedicación que merece y haber sido testigo de sus múltiples conquistas me incapacita para analizar este año con una mínima objetividad. Ona imponiendo, ajena, la luz y la vida sobre el escenario más sombrío y yo siendo receptora universal del bálsamo de su inocencia. Sí. Podría ser ese un buen resumen de este año que termina.

Sesenta y cuatro

A veces, se me atasca un tema en la garganta y necesito sacarlo fuera, como una bola de pelo de gato. Suelo escupirlo escribiendo, pero en ocasiones se encuentra tan atrancado que ni las palabras tienen la fuerza suficiente para empujarlo al exterior y el amago de escrito queda en un carraspeo infructuoso. No es nada original esta vez. Se trata de modelos y expectativas, de averiguar qué tipo de madre quiero y puedo llegar a ser. Porque a menudo me siento incompetente. Porque no soy una buena cocinera, ni sé hacer manualidades, ni planchar sin dejar arrugas, ni tejer jerséis calentitos llenos de colores vivos. Porque no soy mi madre, en definitiva, ni tengo su paciencia infinita, su creatividad y su fortaleza.

A cambio, me dicen, sí soy la madre que tiene una canción para cada momento, la que lee durante horas cuentos minuciosamente escogidos, la que investiga la manera más respetuosa de acompañar a su hija en todos los ámbitos posibles. La que documenta cada uno de sus avances y le escribe cartas de amor, aunque no pueda entenderlas. Ante semejantes argumentos, yo asiento y me pregunto si basta, si Ona me recordará por eso y no solo por mis insípidas recetas, mis ojeras permanentes y mis manos de mantequilla. Las comparaciones son odiosas y los espejos hacen daño cuando la imagen que te devuelven no está a la altura de tus referentes.

Sesenta y cinco

Ona cumple 2 años y yo intento escribirle unas líneas mientras me sirvo un vaso del gazpacho de bote a base del cual subsisto mientras pido cita para la revisión del pediatra mientras escucho la lección de un curso online acelerada x2 para que me cunda el tiempo. Intento escribirle unas líneas que se parecen demasiado a un alegato anticapitalista y me enfado aún más con el sistema por no permitirme llegar a este día lo suficientemente descansada como para decirle algo digno a mi hija maravillosa. A Ona, la inescrutable. La risueña, la decidida, la persistente, la de la gran memoria. La que habla hasta con las piedras y espera pacientemente a que lleguen las gaviotas para darles los buenos días. La que revienta el mundo a base de carcajadas y se cura con libros las heridas. La que prefiere la rumba al rock, la calle a la casa, la vigilia al sueño. Ona, la buscadora de lunas. La que me renombra y me redefine. La que llegó hace dos años para romperlo todo y enseñarnos que, pese a las toneladas de cansancio, el corazón se ensancha hasta el infinito cuando se ama desde los límites.

Sesenta y seis

Hoy quiero felicitar a esas madres que hacen tiempo en el coche para no subir a casa. A las que acompañan con cariño una rabieta mientras por dentro desean que alguien les pegue el tiro de gracia. A las que mandan audios de auxilio con bebés llorando de fondo y dicen que no pueden más. A las que han perdido la cuenta del tiempo que llevan sin dormir más de dos horas seguidas. Hoy felicito a esas madres que creían que el primer año era el más duro (ja... ¡JA!) y a las que se preguntan con cierta frecuencia si la maternidad les viene grande. A las que ya lo han pasado y consuelan a las demás diciendo que se sobrevive. A las que lo pasan a la vez y te entienden mejor que nadie. Felicito y agradezco a esas madres que, sin emitir ningún juicio, te cogen de la mano y te guían en los tramos escarpados del camino.

Afortunada yo por tenerlas.

Ellas saben quiénes son y yo soy, a la vez, todas ellas.

Sesenta y siete

Hace mucho que no escribo. La apatía en que me tiene inmersa la pandemia, unida a la falta de sueño y de tiempo, no es buen caldo de cultivo para la creatividad. Ona es mi anclaje en el presente y mi mayor alegría, pero he necesitado buscar otros elementos que decanten la balanza hacia la belleza, burbujas de oxígeno explícitamente desligadas del universo de la maternidad. Una de ellas la he encontrado en el club de lectura feminista de Carmen G. de la Cueva que, como siempre, me proporciona lecturas que sacuden y remueven. Otra, gracias a un curso de Literatura Infantil de Mar Benegas con el que me levanto y me acuesto todos los días desde hace dos semanas. «Todas las palabras para todas las personas me parecen un lema de bello sonido democrático» decía Rodari. «No para que todas sean artistas sino para que ninguna sea esclava». Bendita literatura, que hace transitable el mundo en los momentos difíciles. Bendito clavo ardiendo al que aferrarse cuando la desidia apremia.

Sesenta y ocho

Escribo desde el privilegio. Cuando digo, maravillada, que Ona ha descubierto su sombra y yo he sido testigo de ello escribo desde el privilegio de quien tiene opción de escoger, y está bien tenerlo en cuenta. Sin culpabilidad, sin vergüenza, pero siendo consciente de que soy afortunada por presenciar y acompañar cada hito de su desarrollo. Más allá del primer paso o de la primera palabra, estaba con Ona el día en que distinguió una gaviota de una paloma, aquel otro en que identificó cada mínimo detalle azul y cuando ideó una manera de encender la luz sin necesidad de ayuda. Mis labios estaban preparados para recibir su primer beso por iniciativa propia como lo estaban también mis oídos para oírla cantar, a tiempo y entonado, el *ciao* del mítico *Bella Ciao*. Quizás sean nimiedades, pero la mayoría de mujeres no pueden presenciar esos pequeños detalles al no gozar de unas condiciones laborales que les permitan pasar tiempo de calidad con sus hijos e hijas. De ahí la necesidad de hacer manifiesta mi suerte y el deseo de que el lugar privilegiado desde donde hoy escribo nunca me haga perder de vista lo que aún queda por lograr.

Sesenta y nueve

Nadie nos advierte sobre los lutos de la maternidad. Y no me refiero a las renuncias, reajustes y demás añoranzas sino a los duelos propios del proceso de crecimiento, a los finales de etapa. A veces, es elegido por la familia, pero otras llega sin avisar: de la noche a la mañana el bebé rechaza el pecho, la cuna, el pañal. Tiene un desarrollo normotípico, se va haciendo independiente. Todo son motivos para la celebración. Entonces, ¿por qué la melancolía?

En mi caso particular, el primer luto llega cuando Ona decide que no cualquier momento es adecuado para un beso o un abrazo. No siempre le apetece que la achuchen y sabe que tiene opción de decir no. Yo solo puedo alegrarme y fomentar su derecho a no dar ni recibir cariño cuando a otro se le antoje, pero para qué negarlo, un poquito sí echo en falta aquella versión de mi hija que gustaba de recibir mimos en cualquier momento —o sea, en todos—.

Quiero pensar que, de algún modo, la nostalgia me mantiene en el presente, empujándome a disfrutar aún más ese tiempo suyo que se escapa entre mis manos.

Setenta

Todas las imágenes desaparecerán. Como dice Ernaux en *Los años*, «las imágenes reales o imaginarias, las que perduran hasta durante el sueño, las imágenes de un momento bañadas por una luz que les es propia» se desvanecerán.

Me acurruco en esa idea para escribir estas líneas y me tumbo en posición fetal mientras la mano del tiempo desdibuja un poco más ese 16 de octubre. El día más importante de mi vida se difumina y solo han pasado 3 años. La primera mirada de Ona sobre mi pecho empieza a parecerse demasiado a aquella imagen borrosa que ves a través del cristal y —lo que más me preocupa— para evocar las sensaciones de entonces necesito la palabra escrita o los acordes de *Flor de tardor*[14], dosificados ambos con mucho esmero para que no se gaste el recuerdo.

Aunque parezca incompatible, toda la morriña del mundo no me impide disfrutar de este momento en el que una Ona feliz y cada vez más autónoma me enfrenta a dos de mis mayores miedos: el compromiso y la nada. Satisfecha por el entorno que le estamos procurando, sé que el día de mañana tomará sus decisiones y ya no estará en mi mano evitar su sufrimiento, pero lo cierto es que hoy mi hija está rodeada de personas que la acompañan desde el amor y el respeto y eso la hace afortunada. Ona, querida y protegida, solo tiene que ocuparse de ser niña.

14   Canción del grupo Marcel i Júlia.

Que así sea el resto de su infancia y que yo pueda verlo y recordarlo es mi deseo más férreo mientras, exultante como nunca, sopla hasta apagar sus velas y, con ellas, mis temores.

Setenta y uno

Mi madre me curó la adolescencia con un libro de Walt Whitman. Desde entonces, la poesía, único lugar seguro donde de verdad me siento libre, me ha acompañado en los mejores y en los peores momentos. Su efecto sobre mí es tan intenso que tengo que dosificarla. Nunca leo por orden los poemarios y, si me gustan, no los termino jamás. Es mi particular manera de hacer que duren para siempre.

Whitman me curó la adolescencia como Mireia Calafell el desamor, Berta García-Faet los coletazos de una veintena tardía y Gioconda Belli la maternidad. El mundo me escuece a través de la poesía y, a su vez, es la poesía la que me cura el mundo. Mi madre me dio el remedio preciso justo cuando lo necesitaba. Ojalá yo sepa regalarle a Ona un poquito de esa libertad.

Setenta y dos

Roquetas es ese lugar donde termino los libros y observo dormir a mi hija. Donde las nietas se miran en sus abuelas para comprender así a sus madres y la tribu sale vencedora en su batalla contra la individualidad. En Roquetas juegan a las cartas el futuro y el pasado mientras la epifanía llega desde mi pubertad en forma de niño con peto verde y las confesiones se dan a pie de playa con una complicidad nueva, adulta. *Toxicity* suena de madrugada mientras nos salvamos la vida en el Bar de la Rayuela que han dejado abierto para nosotros y yo vuelvo a tener veintiún años en una Roquetas que es yoga con Ona en la orilla y parque todas las tardes y ya vuelvo a tener treinta y ocho y no me canso y no me cambio.

Con todo esto en la maleta vuelvo a Palma y, sin embargo, me siento más ligera que antes. Roquetas es la *pax* particular de mi existencia, aunque sea dos veces al año y, jo, qué suerte la mía.

Setenta y tres

Entre revelaciones y bromas transcurrió la noche del sábado en Madrid con mis mejores amigas. Tras varias canciones en el karaoke, R. me dijo, entre risas, que estaba «encantada de volver a verse» y me pareció un gran resumen de cómo me estaba sintiendo desde que cogí el avión el día anterior. Con tantas responsabilidades y preocupaciones, llevaba más tiempo del que podía recordar sin verme, sin reconocerme. Y, aunque soy consciente de que la vida no consiste en tomar vermuts en un jacuzzi, bailar canciones de Boikot hasta el amanecer ni perder la noción del tiempo en una habitación de hotel, volví a casa con la sensación de que algo estaba fallando.

Maria Climent escribía ayer en *Catorze* sobre la estabilidad y yo solo pensaba en dinamitarlo todo. Porque es cierto que se nos prepara desde niñas para una vida deseable estándar, pero nadie nos dice qué ocurre cuando ya hemos conseguido ese trabajo que nos llena, una familia y unos cuantos cuartos propios. Qué hacer ante la perspectiva de haber tocado techo y cómo gestionar la culpa por sentir que todo no es suficiente.

No tengo claro si la versión espontánea y despreocupada de Madrid es o no más auténtica que la de nuestro día a día como madres, hijas, trabajadoras, parejas. Solo sé que nos echábamos de menos, las unas a las otras y cada cual a sí misma, y que no quiero que vuelva a pasar tanto tiempo sin vernos, sin verme.

Setenta y cuatro

Ayer miré ofertas de trabajo en el extranjero, solo por fantasear, mientras pensaba en lo fácil que me era romper con todo cuando no tenía a nadie a mi cargo. Una excedencia, la vida en una maleta y uno o dos billetes de ida a alguna ciudad sin nombre. No cometeré, en cualquier caso, el error de poner tanto peso sobre los hombros de Ona. Si llega el momento de un cambio, esta vez no será una huida.

Setenta y cinco

Yo, sentada en la hamaca de plástico rota mientras leo a Marta Jiménez Serrano. Mi madre y Ona, jugando en la piscina recién montada mientras ríen escandalosamente, pletóricas. Yo, mirándolas por el rabillo del ojo, pensando que toda aquella que haya tenido veranos, abuelas, y veranos con abuelas debería leer *Los nombres propios*. Ellas, ajenas a todo, siendo la viva imagen de la felicidad. Una lágrima resbala por mi mejilla y no sé muy bien el porqué. Por el miedo al resultado de mi biopsia, pienso de primeras. Por la imposibilidad de retener eternamente este momento, concluyo después. Miro hacia la piscina hinchable y hago una foto mental. Mi madre, convertida en una entregada abuela, y mi hija, descalza y maravillosa, me ofrecen el más entrañable de los espectáculos y me regalan, sin ellas saberlo, un lugar al que volver. No sé si Ona lo recordará, pero yo hoy solo deseo tener por delante muchos veranos para recordar este verano que espero no olvidar nunca.

Setenta y seis

Estaba ya en la cama cuando mi madre vino a buscarme para que viese la superluna azul. «No se repetirá hasta 2037» me dijo. «Dónde estaremos entonces», se dijo. 2037, pensé, el año en que Ona alcanzará la mayoría de edad y, si todo va bien, cumplirá mi madre sus ochenta. Y me agarró un vértigo repentino.

Desde que Ona llegó para resignificar el tiempo, yo había percibido todo lo ajeno a ella como estático, casi eterno. Pero resulta que no, que la vida continúa también fuera de los niños y que, mientras nuestros hijos crecen, nuestros padres envejecen. Esa idea, a día de hoy, me parece insoportable, pero me trato con mimo y me disculpo la tristeza. La achacaré a que mañana empieza septiembre y este es el último día de un verano muy intenso.

Setenta y siete

Ona cumple 4 años y yo lloro porque los únicos vídeos de sus primeros días se ven en una calidad tan baja que apenas se distinguen sus facciones. Lloro por cada recuerdo difuminado, por la energía que se llevó el no dormir, por los momentos de plenitud que la falta de sueño me impidió compartir con ella. Lloro por no escribir «eres la luz de mi vida» ni «gracias por elegirme», aunque obviamente lo sienta. Lloro la culpa, la vulnerabilidad y el miedo. Lloro el síndrome de Stendhal que me invade si la observo largo rato, desbordada por la intensidad de su presencia, de su amor. Lloro los abrazos de *Bon dia* al son de la canción de Gertrudis, los besos de buenas noches tras enumerar los momentos preferidos de la jornada y, en definitiva, todos aquellos rituales que refuerzan nuestro vínculo y hacen de esta familia la nuestra. Lloro los males que solo cura mamá, su mirada siempre atenta, su risa y escribir tópicos. Lloro porque me hace de espejo y lloro porque no me representa en absoluto. Porque no me pertenece y porque eso es maravilloso. Ona cumple cuatro años y yo lloro y celebro y celebro y lloro por escribir cosas tristes, aunque me sienta feliz.

Setenta y ocho

Cuando pienso en los años previos a la llegada de Ona me imagino a mí misma en forma de caricatura con la cabeza llena de garabatos. Estos representan algo así como la insatisfacción crónica que intentaba mermar a través de la búsqueda incesante de estímulos en forma de experiencia, física o intelectual.

Leo en el periódico una entrevista a Luna Miguel. Aluden a su larga trayectoria literaria a pesar de su corta edad y hablan, entre muchas otras cosas, sobre los celos que siente ante una buena creación de otra persona. Pienso que es lo que me pasa a mí cuando veo a mujeres jóvenes como ella dedicarse a aquello para lo que probablemente han nacido. Hay quien dice que esa es, precisamente, la definición de felicidad y creo que, si no lo es, debe parecerse mucho. Me planteo entonces cuál es mi don y, si es que lo hay, lamento por unos instantes no haberme focalizado en él. Tal vez de haber tenido clara una pasión y haber centrado mi energía en ella, me habría sentido menos perdida en determinados momentos. En lugar de eso, en cambio, fui dando palos de ciega y diversificando esfuerzos para acabar concluyendo que no estoy hecha para la música ni para la escritura. Tampoco para la enseñanza ni mucho menos para ser madre. Quién sabe, quizás mi cometido en la vida consista en disfrutar sin complejos haciendo todo aquello para lo que no nací.